눌러주세요

정은율 시집

계간문예

눌러주세요

| 시인의 말 |

집 한 채 짓는데
너무 오래 걸렸다
제대로
바닥을 다지고 기둥을 세웠는지
앞으로 다가올 비바람에 맞서볼 생각이다
다시 대관령을 넘는다

2024년 입추를 지나며

| 차례 |

시인의 말 • 5

제1부

건널목에서 • 13
자꾸 눈물이 나 • 14
초록빛 체온 • 16
발왕산을 오르며 • 17
경포 나루터에서 • 18
강릉을 떠나며 • 19
바람의 잠 • 20
겨울, 경포호에서 • 21
삼숙이가 있는 풍경 • 22
구름 속으로 • 23
초당草堂에서 • 24
청호동青湖洞에 가서 • 25
오지항아리 • 26
비보호 좌회전 • 27

제2부

시간 • 31
풀잎 위에 머문 손 • 32
너의 죄가 아니야 • 34
늙은 매화나무 한 그루 • 35
제비꽃 • 36
달팽이 아재비 • 37
연잎에 앉아 • 38
풀꽃처럼 • 39
봄의 향연 • 40
눈색이 꽃 • 41
흔들리지 않는 나무 • 42
밤꽃이 필 때 • 43
겨울 저녁 • 44
낙엽이 되어 • 46

제3부

낡은 구두 한 짝 따라가며 • 49
화장을 지우며 • 50
바람난 물고기 • 52
편지 한 장 다 쓰지 못하고 • 54
자물통으로 들어간 사람 • 56
바람을 훔치는 여자 • 58
오지 않는 택배 • 59
머물 수 없는 뜰 • 60
껍데기 • 62
너를 보내고 • 64
그림자에 기대어 • 66
지느러미를 세우고 • 67
코로나19 • 68
이제 숨 쉴 수 있어 • 69

제4부

사람이 있다 • 73
영진泳津에서 몇몇이 • 74
눌러주세요 • 76
공중도시 • 78
리모컨(remote control) • 80
유족의 기쁨 • 82
도시탈출 • 84
과잉보호 • 85
노숙자 유씨 • 86
문 앞에 서성이는 그대 • 88
아카시아 향 그 남자 • 89
고시원 정씨 • 90
비닐봉지 • 92
오직 너만 바라봐 • 93

발문 ― 나호열 • 97

제**1**부

건널목에서

  신호등 바뀌자 정지선에 멈췄다 어디 다녀왔느냐는 말에 어디 다녀왔는지 모른다고 대답했다 이제 겨우 건널목에 도달했을 뿐이라고
  누구도 모르는 일이지만 날마다 순간순간이 신호등이고 정지선이고 과속이고 추월이다 그래도 내일을 향해 액셀을 밟는다

자꾸 눈물이 나

언제부터인가 샘이 말라갔다
가뭄이 너무 심해
바닥이 거북등처럼 벌어진다
오랜 세월 포기하듯 버텨온 삶에
제법 축축한 기운이 감돌고
목마른 샘에 새로운 생명수가
채워지기 시작했다

살면서 누구나
힘든 시기를 보내기도 한다
그래서인지
언제부터인가 가슴이 메말라
아무리 슬픈 드라마를 봐도
눈물 한 방울 나지 않았다
독기 빼는데 제법 긴 시간이
걸린 것 같다

마음이 편해지고
집에 온기가 돌기 시작하면서

차츰 마음의 벽도 무너져
주변을 둘러보는 여유가
나를 바꿔 놓았나 보다

추스를 수 없을 정도로 쏟아진다
눈물이

초록빛 체온

 치덕치덕 볏짚 섞어 토벽 쌓으며 살았다 걷지 못할 때까지 등짐 널어 말리며 끈긴 동맥에서 쏟아낸 끈적한 팔목 칭칭 동여매고 혀를 깨물며 잠 없는 집을 나선다 물러서지 않는 잠 하나 둘 돌아나며 햇살들 나뭇잎 헤집고 모여든다 하늘 모서리에 앉아 젖은 어깨 털고 비명도 없이 쓰러져 파닥이며 뿜어져 나오는 초록 숨결 반복하다 견딜 수 없을 때 노을에 잠겨 숨죽인 갯벌 향해 길도 없는데 걷고 또 걷는다 몇 품 남은 초록빛 체온은 몽땅 늪에 내주고 짧은 손발마저 거두며 잠긴 몸을 뒤튼다

발왕산을 오르며

봄의 미아가 되어 발왕산에 오른다
잡목 숲에 묻혀 내린천을 건너
가슴 후비는 물소리 듣는다
아찔한 현기증으로 전율하며
무엇인가 찾으려는 눈빛
꽃봉오리 끝내 피우지 못하고
얼굴 붉히는 진달래
찢긴 채 누군가를 기다린다
또 천 년을 헤매야 하는가
한순간 슬픔으로 남는 발왕산의 고요

눈먼 봄의 미아로 발왕산에 오른다

경포 나루터에서

어떤 수양버드나무가
초록의
노래 부른다
그 소리에
군중들이 몰려오고
산야가
두 눈을 일제히 뜨고
경전을 읽는다

어떤 여인은
치마폭에
잔설을 쓸어 담고 있다

강릉을 떠나며

날 새려면 아직 멀었다
따뜻한 불빛 찾아
유리창 밖을 서성이는 아침 버드나무
늘어진 팔을 잡지 못하고
절뚝이며 앞질러 간다
찌든 벽은 절은 곰팡이로 뒤덮이고
빗물에 젖은 벽돌 날마다 담과 마주친다
안개는 신다가 버린 구두 속에서 잠들고
비로 쏟아지는 활자들
허공에 젖은 소매에 부딪혀 흩어지고
날선 사금파리로 깊은 동맥을 긋는다
꽃그늘에서 복숭아 꽃잎 떨어지고
이 악물며 온기 하나로 스스로를 품어 견디는
이른 새벽
아픈 이마에 손을 얹고
대관령을 넘는다

바람의 잠

동해 해안로 해당화 목젖 드러내고
환하게 웃길래 가까이 들어갔다
그믐으로 가는 달의 웃음 스며 오르고
긴 혀 같은 해안로 송화처럼
진창을 떠다니며 길을 묻는다
꽃의 노동을 뜨개질하는 파도
밤새 젖은 모래톱 한 두름 말려 굽고
소리치는 파도는 해당화 나무 아래 눕는다
한 번 만나기 위해 꽃을 피웠으니
온몸 구덩이로 떨어지는 꽃잎 받으며
송화 물큰하게 흐르는 꽃 속에
절뚝이는 웃음 슬어 놓고
날마다 죄를 짓는다
뜻밖의 봄날 흡혈하듯
무거워진 바람
빈 그물에 걸렸다

겨울, 경포호에서

시문詩文 가득 품은 방해정과
홍장, 박신이 노 저어 오갔을 새바위
호수를 품에 안은 벚나무 길
모두 하얗게 덮인 채 말이 없다

쉼 없이 날아드는 철새들,
높은 파도 피해 길 건너온 갈매기 떼
젖은 깃 추스르며 수다스럽게
새바위로 몰려든다

이 세상 뿌리 없는 것들 잠시 머물다
어디론가 떠도는 것을
잠시지만 호수에서 일어나는 풍경 보며
훗장암*에 앉아 이제 깨닫는다

---

* 홍장암 : 고려말 강원도 순찰사 박신이 강릉 출신의 기생 홍장과 함께 배를 타고 사랑을 나눈 이야기가 전해지는 바위

삼숙이가 있는 풍경

바닷물 끓는 냄새 가득한 오후
파도 밑 모래밭 헤매던
삼숙이 찾아 중앙시장 2층으로 간다

고춧가루, 고추장 풀어 설설 끓는
솥에 토막 낸 몸통과
온갖 시름 쓸어 넣고 푹푹 끓인다
머리통과 지느러미 까칠하고
내 생 닮은 흐물거리는 몸통
양푼 가득 담겨 나온다
뜨거운 국물 시원하다며
사람들 양푼 대접에 코를 박고 훙훙이며
통째 입에 퍼 넣는다

파도 밑에서 쉼 없이 모래 퍼올리다
뭍에 나와 오늘도 중앙시장 2층에서
온몸 나누어 질긴 목숨 살린다

구름 속으로

멀리 하늘을 본다
시리도록 맑은 얼굴로
안부를 묻는 그와
눈이 마주쳤다
심장이 잠시 머뭇거린다

서로의 온도를 바꾸는
시간은 얼마나 걸릴까
시든 꽃에 물을 주듯
그렇게 절정의 밤을 보내고
그는 구름 속으로 사라졌다

오늘도 멀리 하늘을 본다

초당草堂에서

등불 하나 낮게 걸려고
쓸쓸한 하루 지워버리고
발목까지 차오른
눈보라 헤치며 바다를 향했다

온몸을 꺾고 뒤집어 체위를 바꾸는 파도
너울거리는 포말에 밀려 젖은 모래톱에
무릎 꿇고 잠깐 말을 섞는다

손잡은 무게만큼 벅차게 어깨를 휘감는
저 소나무도 힘들긴 마찬가지겠지만
목백일홍 밑동 팽팽하게 부푼 몸
가만히 끌어안고 귀를 대면
빈속 목마른 소리 들린다

지하통로 뚫고 스며든 간숫물
털어낼 수 없어 엉킨 채 뒤섞였다
타는 속살 냄새 숨겨진 이곳
오늘도 등불 하나 낮게 걸려고
발걸음 옮기지 못하고 집 앞을 서성인다

청호동青湖洞에 가서

청호青湖와 동해東海를 양 허리에 끼고
모래톱에 움집 짓고 파도를 밀치며
오도 가도 못하고 아무렇게 버려졌어도
떠도는 섬에 뿌리 박고 살았다

캄차카해에서 흘러드는 물길 둘러보고
잠자리 허리 잘라 쇠파이프 박고 좋다며
날뛰던 놈 몰래 잠재우기도 하고
비릿한 땀을 낚시밥 삼아
서로 달래며 함께 살 부비고 살았다

와이어로프 당기던 손바닥 거북등 같고
칼바람 손등을 만지면 온기마저
손아귀에서 빠져나가고
엇박자로 움직인 조각난 난파선이 되었다
바다를 뜯어 먹고 소금기 푸석한
빈 집 휘돌아 흙냄새로 목을 축이고
아침마다 햇살에 손 말린다

오늘도 쉼 없이 팽팽한 줄을 당긴다

오지항아리

낡은 가마에 불을 지핀다
옹이진 당신의 삶을 빚는다
황토 질흙에서 윤기가 돌고
인진 쑥처럼 쓰고 어두운 터널 걸어온
평생 손때 묻은 보물단지
상처 부위에 오짓물을 발라 굽는다
당신의 삶에 광택을 낸다
평생의 금고
오지항아리가 모처럼 호사를 누린다

황량한 바람이 협곡과 능선을 핥으며
어머니를 무참히 쓰러뜨렸다
그렇게 칠십 평생 찍어온 낙관은
항아리 속으로 숨어들었다
윤을 낸 항아리 선반에 올려둔다
평생 바닥이었던 어머니가
높은 곳에서 나를 보고 계신다
한밤중 항아리 속에서
무얼 꺼내러 오신걸까
울음소리 구성지다

비보호 좌회전

새벽노을 붉게 피어오를 때
나는 교차로에 서 있다
여행 가는 중이었고 왼쪽만 가능했다
초록 물고기였고 장미꽃은 금지되었다
자정이 되면 꾸벅꾸벅 졸기도 해서
가끔은 해금된 노래였고
늘 중앙선 옆길이고
적당히 자유롭긴 하지만 그래도 법이었다
내 삶의 소중한 교차로
그걸 지키며 지금은 집으로 가는 중이다

제2부

시간

백사장에 그린 꿈은
파도가 휩쓸어 가고
세월의 흔적은
시간이 삼켜버렸다

쓸쓸함이
달게 느껴지는 오후
돌아보니
삶이 여행이다

풀잎 위에 머문 손

풀잎 위에 머문 손가락 떨고 있다
손을 잡았다 놓친 손
빈손으로 돌아가지 못하고
맨발로 지우면 맨발에 맺히는
물방울 기울면 내일로 가버린다

눈이 하지 못한
입이 내놓지 못한 말
비워둔 항아리처럼
처마 아래 지쳐 서 있던 바람
하품을 견디며 속도를 늦추고
마음이 다가가지 못한 말들
다하지 못해 손이 떨고 있다

귓속에 맑게 흐르는 손
겨처럼 쏟아져 내리다 흰빛이 된 손
해종일 꽃으로 들어간다

풀잎은 눈이 아니다

가슴이 아니다
토막토막 끊어져도 소리칠 줄 모르고
물속에 잠든 손
오늘을 붙잡지 못한다
나를 붙잡지 못한다
물은 머무는 그림자를 버렸다

너의 죄가 아니야

제 속 다 비워낸 봄
너의 양팔을 잡아당기면
펌프질하는 초록 숨소리 들린다

관절 마디마다 울음소리가 성글다
피투성이로 겨울과 싸워온
너의 목울대에서 탄 냄새가 난다

그 냄새에 온 천지가 쑥덕거리기 시작하며
죄인으로 단죄하듯 수근댄다
여기저기 마음대로 꽃을 피웠다고
나무들의 종아리에 살이 오르게 했다고
강물의 젖이 불어나게 했다고

몸이 쇠약해진 너를 보고
저 멀리서 달려오며 장마가 소리친다
'너는 아무 죄가 없다'고

늙은 매화나무 한 그루

불을 켜지 않은 날들이 녹슨 자전거 타고
철망 속으로 들어가 눈을 감는다

물과 빛이 닿지 않는 그 속에서
바짝 마른 다리를 치켜들고
제 안에 가둔 그 남자를 밀어내며
머리를 묻고 꺾인 무릎 끌어안는다

매화의 주름진 발바닥에 낀 지렁이
흙냄새로 목 축이고
벌레 먹은 얼굴 너무 위태로워
마디마다 배꼽 하나씩 붙여 준다

불을 켜지 않은 날들의 빛
온몸으로 쏟아져 내리고
늙은 매화나무 물먹은 팔뚝에서
툭툭 튀밥 터지는 소리 들린다

제비꽃

봄날
안개 낀 솔숲길
잡목들의 수런거리는 소리
밤새 무슨 일 있었을까
풀숲 헤치고 살펴본다

꼭꼭 여민 발목
씨앗 품고
익숙한 몸짓으로
하늘의 눈물 받아 마시며
밑뿌리까지 강하게
빨아올린다

언제나 낮게 피어
달콤한 향으로 지나는
사람들 꿇어앉히는 꽃
우리에게 겸손과 사랑 가르친다

달팽이 아재비

그는 등에 신전을 짓고 산다
그 신전 속에 몇 점의 바람이 모여 살고
흔들리는 육십 촉 백열등이 있다

신전이 무거울 땐 무릎관절에서 신음소리가
아우성칠 때도 있지만
그 신전에 사는 어린 제비꽃을 생각한다

동구 밖 너머에서
어지러운 세상 이야기가 밀물처럼 밀려오면
모자를 벗고 청보리밭을 걸었다

수양버들 벚나무들이 꽃등을 피워 올리는
사월의 오후다
그를 잃어버린 나는
풀피리로 청산별곡을 부르고 있다

연잎에 앉아

 처마 아래 머물던 바람 회오리치며 물속에 잠든 뿌리 흔들어 깨우고 온몸으로 퍼붓는 소나기 연잎 가득 담아 연당에 쏟아낸다

 한차례 연못 뒤흔들고 바람 끝에 잠시 머물다간 자리 초록 구슬 또르르 바람결에 몸을 털며 수줍게 연등 피워 올린다 가운데 작은 풍경 활래정과 손잡고 뜨겁게 달구던 햇살 이기지 못해 들어열개문 활짝 열어 속살 드러냈다 기웃대던 사람들 선뜻 들어서지 못하고 머뭇거리다 앞다퉈 연잎에 올라 아득한 풍경 바라보며 차를 마신다 활래정 아침은 늘 새롭다 많은 사연 다식틀에 꾹꾹 눌러 다양한 문양 색색이 새기며, 오늘도 연잎에 앉아 차향에 젖어 든다

풀꽃처럼

봄날
어느 새벽
가만히 눈뜨고
세상 밖으로 나온
여린 풀잎
뜨거운 햇살에 짙어져
잠시 머물다 조용히
눈 감고 사라지겠지

밝은 등 켜고
꿈을 좇던 시간
지나고 나면
짙어진 내 육신도
가을 햇살에
흐느끼며 스러지겠지
풀꽃처럼

봄의 향연

고로쇠나무가
우수를 퍼 나르더니

홍매화가
연분홍 치마저고리 날리며
그네를 탄다

눈 감고 있던
경포호수는 스르르 두 눈을 뜨고
벚나무 가지엔
분홍빛 별이 피어난다

나도 따라서
초록의 깃발을 펄럭이고,

눈색이 꽃

눈밭에 앉아 노란 얼굴
달빛에 비춰 본다
눈보라가 휩쓸고 간 자리
상처 난 입술
목젖 돋우며 천연스레
눈밭에 발을 묻는다

햇살 향해 오목거울 열어
목울대에 글리세롤 차오르면
꽃의 눈물 받아 마시고
어둠의 씨앗
뿌리에 다다르기까지
또 몇 날 며칠 더 가야 할까

눈 위에 솟아 낮게 피어
꽃의 살갗이 바람 들고
꽃의 마음이 얼음 깨고
나비로 묻어 나오는,
눈밭에 피어 더 아름다운 꽃
얼러붙은 땅에서 깃털처럼 빛난다

흔들리지 않는 나무

바람이 다녀갔다
해도 달도 별도 구름도 다녀갔지만
발자국은 남기지 않았다

세찬 빗줄기 잎새에 상처를 남기지만
후시딘 같은 연고가 아니어도
스스로 잎맥을 잇는다

타들어 가던 마음 색색이 모여들 때도
지고 온 등짐 무게 서로 다르듯
생의 흔적 서로 다른 색깔로 배어난다

강을 건너온 어지러운 이야기가
목을 조이다 가지만
나무는
흔들리지 않고 굽은 등 지긋이 편다

밤꽃이 필 때

거실 창으로 마주 보이는 산자락
초여름 밤꽃 무리에 마음을 빼앗기고
눈꺼풀은 가늘게 떤다
살 섞으며
뿜어대는 비릿한 냄새
문틈으로 가득히 스며든다

언덕 아래 파란 지붕 창문에 비치던
달그림자에 잠 못 이루던 숨이
밤꽃 때문만은 아니었을 것이다

거실에 앉아 밤을 돌려 깎는 손 빨라지고
중심에서 멀리 기울고 있는
둥근달 보며
급히 빈자리를 쓸어낸다

겨울 저녁

빌딩과 가로수 그림자는 길게 눕고
강물은 몸을 뒤척이며 손을 놓은 채
이른 저녁부터 붉게 물들어 있다

공사장 인부들
동강 잘라 구멍 뚫린 드럼통에 불 지펴서
마른 가지 끝으로 빠져나가는 체온 달구며
갈 길 정하지 못한 채 발을 구른다

가로등 사이에서 날개 퍼덕이며 날다가
엉킨 수수께끼 한 겹씩 풀어낸다
목줄 타고 내려오는
물 한 방울까지 삼키고
가지 못한 길 바라보며 훌쩍인다

버려졌던 밤을 탕진하고
기세 꺾인 관절 마디마디에서 피어나는 핏꽃
언뜻 얼굴 내밀다 사라지는 눈발 사이로
없어졌던 횡단보도 하나씩 길을 연다

아직 돌아가지 못하고 구석구석 누비던 눈발
어깨 위에 수북이 쌓여 서로 등을 부비고
도시의 버려진 밤 골목마다 뜬소문이 자란다

낙엽이 되어

바람에 떨어지는
당신의 모습
오늘따라 유난히
가벼워 보입니다
지난 삶을 표정 속에 담고
낮은 곳으로
자꾸 내려앉습니다

평생 떨어지지 않을 것처럼
생을 불태우던 당신
어느 날 가벼워진 몸으로
점점 낮게 내려옵니다
나도 당신처럼 소리 없이
내려앉고 싶습니다
그러나 거리를 헤매고
싶지는 않습니다

제**3**부

낡은 구두 한 짝 따라가며

출근길에 매고 나가던 가방이 그랬듯
끈 조여 매고 첫발 내딛던 구두가 그랬다

가방 속에 담았던 구두는
수많은 길을 지나 밑창으로 불러낸 날 밟히고
되돌아갈 수 없는 날을 손짓하며
낡아빠진 구두 속에 구겨 넣은 다음
날마다 길쭉하고 가는 다리로 바꿔 본다

발가락 끼는 구두 신고
헐렁해질 때까지 끌고 다닌다
한때 매듭이었던 그 헐렁한 한쪽에서
어느덧 굳은 발가락
언제나 뒤꿈치를 끌고 가는 대로 걸어온 길 접어
몸속에 구겨 넣고
뒤집힌 길 위에서 한나절 몸 굴리다가
구겨진 다리를 풀어 돌아가거나
낡은 구두 한 짝 따라간다

화장을 지우며

눈을 뜨면 자석처럼
내 손 잡아당기는 그녀
오늘도 금 간 찻잔에서 흘러나오는
낯선 바람 그들은
어디를 향해 가고 있는 것일까

권력과 권한 행사를 위해
절차의 불공정성 운운하며 보낸
반발의 시간이 이젠
흐릿한 통증으로 다가온다

선택의 갈등과 차별 집착은
균열을 허락한 곳곳에
눅눅한 소문으로 들어차고
씹어지지 않는 말들
허공을 뛰어다니고
신발 끝에 묻어온
근거 없는 억측들은 발버둥 친다

두껍게 덧씌웠던 삶의 무게가
젖은 불빛으로 흘러내리고
귀에는 세상 것들 가득하지만
이젠 비워야 하기에
부재중인 내 삶을 지운다
나를 지운다

바람난 물고기

앞만 보고 달려온 시간
모처럼 지느러미 세우고
가벼운 마음으로
힘차게 물살 가른다

동해서 달려와 펄떡이는
가자미 속살 앞에 놓고
우린 목숨보다 질긴
시간을 안주 삼아
하얀 파도 뼛채 씹었다

남들이 씹다 남겨둔
뒷이야기까지
휴대전화에서 꺼내
토막 낸 세발낙지를 씹듯
그렇게 서로 옹이를 뽑았다

참으로 오랜만에
어부의 바람 사라질 때까지

'바람난 물고기' 집에서
묵은 세월 씹고 온 날은
그물 가득 그리움이 쌓인다

편지 한 장 다 쓰지 못하고

옆 강의실
어두운 기억 속 눕혀진
삶들의 얼룩 지우는 소리
내 귀청 두드리며
천장 뚫고 하늘로 솟아오른다

창틈으로 보이는 문해학당
어르신들 연령대는 다양해 보였다
생각보다 젊어
보이는 60대, 의외였다
80대까지 교실이 꽉 차 있다

이젠 부탁하지 않아도 된다
출금표 직접 적어 용돈 찾고
자식에게 편지도 쓰고
손주에게 건네는 선물에
카드도 적어 넣는다

돌의 무게보다 더한 시간의 무게가

잠든 땅속에서 눌린 귀
처음으로 지긋이 들어 올려
귓속에 맑게 흐르는 꿈
종일 꽃 속에 담는다

창 너머 울려 퍼지던 소리 멈추고
끝내
편지 한 장 다 쓰지 못하고 떠난
어머니의 얼굴 푸른 잎사귀처럼
흔들리는 하루다

자물통으로 들어간 사람

입에 자물통을 채웠다

날개를 달지 못한 그는
도시서 살기에 연약한 입 때문에
입술을 뒤통수에 달고
자물통으로 들어 갔다

말 없는 문자의 날은
구멍에서 쏟아내는 기호들 모아
퍼즐 판에 끼워 보지만
끝내 맞추지 못한 한 조각

자물통 채워지면서
과거로부터 떠내려온 모든 것들은
통 속에서 헤엄친다

제 그림자 볼 수 없는 매미처럼
땡볕에 울음 쏟아 보지만
작은 구멍으로 쏟아지는 건

해독 불가의 이모티콘 뿐

새벽, 저마다 암호 입에 물고 집을 나선다

바람을 훔치는 여자

연일 폭염으로 온열질환을 앓는 사람이 늘어나고 나 역시 열대야를 견디지 못해 밤잠 설친 지 벌써 이십 일이 지났다 이미 온열질환으로 몸살 앓고 있는 내 작은 방은 냉풍에 목말라 헐떡이고 그 방에 들어가야 하는 나는 고통 이기지 못해 몸서리치다 끝내 아들 방문 앞을 서성이기 시작했다 시원한 바람 생산해 내는 곳이 거기 밖에 없기 때문이다

선풍기로는 도저히 버틸 수 없어 결국 바람을 훔치기로 하고 잠든 아들 방문 몰래 조금 열고 선풍기 등 슬쩍 밀어 넣으니 제법 시원한 바람이 밖으로 빨려 나왔다 내심 흐뭇했다

그 좁은 틈으로 빨려 나오는 바람이 이렇게 귀한 것일 줄 미처 알지 못했다 내 방을 향해 선풍기 한 대 더 세우고 나서야 불같은 날 설쳤던 잠 해소할 수 있는 꿀맛 같은 밤이었다

이 긴 열대야는 앞으로 또 얼마나 지속될 것인지 길어지면 길어질수록 밤마다 고통 덜기 위해 얼마나 더 방문 앞을 서성거려야 할지, 꿀맛 같은 밤을 알기에 열대야가 식지 않는 한 당분간은 멈출 수 없을 것 같다

오지 않는 택배

며칠째 햇살은 몸살을 앓고
당신의 얼굴은 황금빛으로 출렁입니다
시간의 잎새 어깨에 매달려 떨어지고
벌레 소리 씨앗처럼 여물 때면
당신 생각에 또 뒤척입니다

허기진 하루, 길 위에 누울 때
계단을 오르면 슬픈 무게로
문 앞에 웅크린 채 졸고 있는 모습
언제부터 기다렸을까 울컥
당신의 문드러진 지문 조각들 끌어안고 들어와
목울대 뜨겁도록 한참을 꺽꺽이다
전화를 걸곤 했지요

몇 겹의 계절 감으며 보낸 날들
이젠 올 수 없는 당신인 줄 알면서도
때가 되면 혹시나 하여 현관문 앞
텅 빈 계단만 멍하니 바라봅니다
올해도 태양은 몸살을 앓고
당신의 얼굴은 황금빛으로 출렁입니다

머물 수 없는 뜰

당신의 뜰은
요즘 어떤가요
여긴 벌써 낙엽 위에
하얀 서리꽃이 피었어요

겨울 준비로 또 얼마나 바쁘실지
걸음을 붙잡는 빈 텃밭이
오늘따라 온통 당신
모습으로 가득 차 있습니다

눈가에 머물던 그 향기
아직도 제 걱정으로
잠 못 들어 하시는지요

붉은 옷 한 벌 입히고
떠난 당신과
이불 속에 발을 묻고
두런두런 꽃 피우던 그때가
시리도록 그립습니다

바람에 흔들리면서도
꺾이지 않는
들꽃처럼 버텨보지만
저물녘 당신이 밟고 떠난 그 길
이제 제가 걸어갑니다
천천히

껍데기

일거리 없는 새들
인력시장에서 흩어진다
소리 없이 돌아온 부끄러운 이들
희망 자르며 공원에서 길 잃은
비둘기 떼와 낮술을 마시고
배낭을 메고 떠나는 쓸쓸한
뒷모습 지켜본다

지층을 데우는 바람 타고
땀방울에 모래알 이식하던
지난여름 생각하며 발길 옮긴다
산으로 강으로 들로 떠돌다
따사로운 햇살 안고 누워계신
어머니 곁에서 한나절을 보내고
무거운 발길 어둠 끌고 좌판에서
하루분의 끼니를 채우고
돌아오는 길은 아름다웠다

알맹이 없는 일상 눈을 감고

살기를 복습하며 내 삶은
부재중이나 실업 한 조각 부딪고
꿈을 위해 비워둔 호출기에 기적보다
더 눈부신 메시지를 담고 싶다

너를 보내고

너를 보내고 온 날
하루 내내 빈자리가 허기져
무엇으로도 채워지지 않았다

근 20년을 함께 하고도
보낼 수밖에 없었다
너의 신음 하나로도
어디가 아픈지 알 수 있었는데
그런 너를 보낼 수밖에 없어
한없이 아쉽지만 서로의
안전을 위해 이젠 보내야 한다

즐겁고 행복한 시간 많았지만
때론 죽음의 문턱도 함께 넘었고
그때마다 서로 위로하며 달렸다
이제 우리의 그 긴 우정과 추억도
아쉬움의 저편에서
한순간 압축되어 사라지겠지
끝내 실려 가는 뒷모습 보지 않았다

그러면서도 서운한 마음 뒤로 하고
새로운 삶을 위해 오늘 나는
힘차게 또 다른 액셀을 밟는다

그림자에 기대어

오랫동안 길을 나서지 못했다
납작하게 주저앉은 가방은
지루한 시간 집안 구석에서 기다리며
눈감고 밖의 소리에 귀 기울인다

비닐 벗고 내려온 가방 열고
무겁고 긴 훗날은 아래쪽에 넣고
급하고 가벼운 것들은 위쪽에
찌든 일상 한숨 한 토막까지 잘라 넣고
가벼운 일상들은 그냥 들고 가기로 한다

뒤통수를 때리는 날선 말과
꽃잎들의 아우성 뒤로하고
틈새 바람 맞으며 한참을 망설이다
긴 그림자 끌고 집을 나선다

지느러미를 세우고

 헤엄치고 싶은 것들 죽여 박제로 만들었다 전시관을 가득 채운 박제들은 곧 바다로 헤엄쳐 갈 것이다 심해어를 꿈꾸었던 지느러미 세우고 어종별 원산지별로 국적을 목에 걸었다 길 잃은 지느러미 한없이 흐느적거릴 때 목어처럼 텅 빈 뱃가죽 열어 꼬물거리는 대팻밥과 약솜으로 가득 채워졌다 꼿꼿하게 세워진 지느러미 금방이라도 물살 가르고 남대천 훑으며 동해로 나갈 것 같다 눈 감고 황량한 가슴 속 멈춘 심장을 누른다

코로나19

코로나19가 확산 되면서
우리의 생활도 많이 바뀌었다
그중 눈에 띄는 것은
모바일 부고와 자녀들 결혼 청첩장
물어보지 않아도 계좌번호가 적혀 있어
처음엔 익숙하지 않아 어색했다
물론 처음 접하는 것이라 반응은 다양했다
시간이 지나면서
오히려 자연스럽게 받아들여졌고
이젠 익숙하기까지 하다
그러고 보니 그리움마저도 사라져버렸다

이제 숨 쉴 수 있어

창밖 햇살 눈부신데
전화 벨소리 길어지고
가슴은 방망이질 친다
오랫동안 꺼내지 못한 말
층층이 가시로 돋아
숨통을 조인다
굶주린 새들의 날선 울음이
오랫동안 가시로 박혀
덧난 상처 도려내니 그 흔적
부적처럼 남는다
숨을 눌렀던
그 돌덩이 하나 들어낸 오늘
맑은 하늘 보며 숨 몰아쉰다
나 이제 숨 쉴 수 있어
편한 숨 쉬고 보니
세상이 밝아 보인다
자유롭게 숨 쉴 권리 찾은 오늘
새처럼 날고 싶다

제**4**부

사람이 있다

언 가슴 녹여주는 국물이 그립다
길 구석 리어카에 겨우 당도한 저녁
설설 끓는 국수물을 훌쩍인다

해와 달도 숨은 날
이름 하나씩 집어 들고
인기척 없고 습기 찬 골목 기웃거리자
이마에 꽃망울 같은
아니
튀밥 같은 활자들이 툭툭 터진다

며칠 건너 광화문으로 발걸음 옮긴다
그곳에 가면 기다리는 사람이 있다
가까이 다가서는 발소리 들리면
귀를 쫑긋 세우고 있는 사람이 있다

영진슈津에서 몇몇이

넘을 듯 말 듯 울컥울컥
혀가 발목을 감는다
부러진 액자에 통째로 담아
가볍게 들고 나선다
갯바위에 널린 생선들이
붉은 아가미를 쏟아낸다

잊힌 이름이라도
걸어 두려고 벽에 못을 친다
천천히 몰려오는 짙은 해무 사이로
몇몇은 솔숲으로 몰래 숨어들고
몇몇은 오징어를 씹고 씹으며
배고픈 수평선을 핥는다

달그락거리는 서랍 속
감춰두었던 이름 하나 선명한
자리마다 꺾인 발목 붙잡는 영진슈津
그물 풀어서 주워 넣고 얼른
뚜껑을 덮는다

파도는 갯바위에 부딪혀 울며 밀려가고
저만큼 소나무 숲속
아무도 보이지 않는다

눌러주세요

틀을 들여다보니 속이 텅 비었다
다식판이라면 꽉 채워야 하는데,
속을 비울 줄 알았던 그
박달나무에 새긴 섬세한 문양

꽃, 물고기, 나비, 복福

마른 바람 몸 더듬으면
등 타고 내려온 송화
꿀벌 무정란 껴안고 꾸들꾸들
꽃 틀에 안기고
잘게 부숴 조청과 뒹군
육포 나비 등에 올라타고
황태 보푸라기 동해 그리워
힘차게 솟구쳐 물고기 틀에 숨고
밭에 누웠던 콩 도리깨질에 놀라
복福자에 뛰어들어
강하게 밀어 넣는다

물컹거리는 영혼 속에 손 밀어 넣고
꿈틀대는 세포들 빈틈없이 채우며
아무도 낚지 않을 음각 속 문양
꼭꼭 눌러주세요

공중도시

나는 나에게 벽 하나 사이에 두고
문자만 오갔다
빗물도 받아내지 못하는 우산도 못 된다

달 밝은 지붕 위에서
세상 밖 무서리를 맞으며
처마 끝에서 떨고 있다

한 점 바람
머리를 툭 치며 지나간다

거세가 된 생에서
밤새 쓸개를 씹는다
깊어가는 밤
지붕 틈으로 소름 끼치게 번뜩이는
고양이가 된다
세상이 비어 있다

팔뚝의 정맥이 끊어진 공중도시

잔뼈로 세상이 사라진 시간
더 이상 내려올 수 없다
내 목이 뛰어간다

리모컨(remote control)

가끔은 눈에 띄지 않게 숨어 있어 애태우기도 하고
때론 엉덩이 밑에 깔려 숨 쉬는 방법 연구하며 참고
과부하로 버튼이 뜨거워져도
화내지 않고 참는 법 익히며
늘 적당한 거리에서
자신의 존재감 뿜어낸다

방전된 배터리 충전하려고
더 빠르게 원격제어에 나서는
우리 집 말하는 리모컨
다양한 채널로 쉴 틈 없이
나를 향해 버튼 눌러댄다
순간 인내의 벽 무너져 내리고
가뿐 호흡 꽁꽁 동여맨다

이런 날 어디 오늘뿐이겠는가
긴 시간 원격조정에 간혹
에러가 나기도 하지만
옹이까지 어루만지던 마음

서로의 소중함 깨닫는다
채널 깊숙이 스며들고 나서야
리모컨의 또 다른 의미가
나를 다시 출발선에 세운다

너와 나의 거리는 몇 미터나 될까

유족의 기쁨

어느 날 TV를 보다 채널을 고정시켰다
천안함 사고 관련 유족의 아픈 이야기가 내 시선을
묶는다

실종된 장병들 시신 한 구씩 들어올 때마다
가족들은 환호하며 박수를 쳤다고 한다
가슴 치며 통곡해도 모자랄 상황인데

참담한 순간의 이 분위기
무엇을 의미하는 것일까
시신조차 찾지 못한 유족의 심정은 어떠했을지
그들도 환호의 박수 받고 싶지 않았을까

그 후 남겨진 가족들은
자식 잃은 슬픔 뒤로 하고
억측과 비아냥 때문에 더 아팠던 사람들

오늘 천안함 앞에 선 가족들
그 순간 박수를 칠 수밖에 없었던

수년 전의 비극적인 악몽이
찢어진 천안함처럼
유족들 마음 갈기갈기 찢기고 또 찢긴다

도시탈출

시멘트 바닥 틈새에 낀
연약한 민들레
어쩌다 비좁은 어둠 속에
발을 묻고
질긴 목숨 세우고 살았을까

가끔 생각 없이 지나는
발길에 밟혀
소스라쳐 쓰러지기도 하지만
하루해가 저물면 촉촉한 이슬에
마음 헹구고 숨을 고른다

손안의 물처럼 빠져나가는
삶의 기억들이 구겨진 채
도시에 버려져
서럽게 떠돌다
길게 부는 바람 끌어안고
도시 탈출 꿈꾸며 오늘도
노랗게 눈을 감는다

과잉보호

태어나 처음
화단 귀퉁이 좁은 공간에
가지와 고추 두 포기씩 심었다
하루에도 몇 번씩 들여다보며
잘 자라고 있는 게 신기했다
그러던 어느 날
가지잎이 오그라들며 벌레가 생기고 있었다
소주에 식초를 섞어 뿌리면 된다는 말에
잎 하나하나 정성껏 뿌렸다
웬일인가 다음 날 나가보니
잎이 모두 하얗게 탈색된 채 바싹 말라 있다
이게 무슨 일인가
내가 그들을
모두 태워 죽였단 말인가
밤새 얼마나 고통스럽게 견뎠을지
너무 미안하다
나의 지나친 염려가
결국 가지를 무너뜨렸다

노숙자 유씨

노숙자 유씨
오늘도 검은 봉지 꽉 움켜쥐고
가게로 들어온다
늘 그랬듯 온몸에서 풍기는
지독한 냄새가 코를 찌른다
노숙자에게서 나는 특유의 냄새

삶을 포기한 사람
독한 술을 들고 건물 밖 한 켠
차가운 바닥에 주저앉아 술을 마시고
어디론가 사라지곤 했다
저러다 이 추운 겨울 버틸 수 있을지
고시원 정씨 그렇게 보내고
무관심을 탓하며 보낸 시간 괴로웠다

그러던 어느 날 다시 만난 유씨
얼굴엔 이미 황달이 짙어져 있었다
그런데도 술을 들고 나간다
아~ 이를 어쩐다 분명 잠잘 곳도 없이

떠도는 노숙자 같은데 그냥 두면
저곳에서 동사할 것 같았다

112에 전화를 했다
바로 달려온 경찰의 부축 받으며 차에
실려 떠났다 쉼터 같은 시설에서
보호받으며 치료도 받고 좀 따뜻하게
지낸다면 얼마나 고마운 일인가
좀 더 일찍 신고 했더라면 하는 아쉬움
있지만 그날 이후 지금까지
노숙자 유씨 한 번도 보지 못했다

문 앞에 서성이는 그대

며칠째 문 앞을 서성이는 그대
해마다 이맘때면 찾아오지만
올해는 곁을 내주지 않으려 애쓴다

시간이 지나면서 세상은
점점 그와 맞서며
소리 없는 전쟁 치른다

가까이 오는 것도 손을 잡는 것도
함께 밥 먹는 것도 때론 가족과도
격리하며 마스크도 벗지 못한 채
서로 눈만 끔벅이며 바라보는 현실

아직 내 곁을 떠나지 못하고
서성이는 당신을 받아들일 수 없어
끝내 문밖에 세워둔 채 더 강하게 빗장 친다
어쩌겠는가 참고 견딤이 최선인 것을

아카시아 향 그 남자

설레는 마음으로 신북교차로
그 집 앞을 지난다
은은한 향으로 내 발목 잡는
아카시아 향 그 남자
언제 만나도 싱그럽다
창문 틈으로 밀고 들어오는
그 향은 내 하루의 청량제
그런 그가 인사도 없이 떠나고
빈집에 밤꽃 청년 예고 없이 들어와
비릿한 냄새 뿜고 있지만
왠지 향이 싫어 선뜻 마음 주지 못하고
그래도 그 집 앞 서성이다 온 날은
멀리 여행 떠난 아카시아 향
그 남자가 더 보고 싶다

고시원 정씨

고시원에 사는 정씨
며칠째 보이지 않는다

하루에도 몇 번씩
편의점에 들러 소주를
사 나르며 술을 밥처럼 마셨다
그러던 정씨 며칠이 지나도
편의점에 나타나지 않는다

고시원 앞엔 119 구급대를 비롯
과학수사대 옷을 입은 사람
경찰관들까지 모두 분주히 움직이고
고시원 사람들 모여 웅성인다

삶을 포기한 듯 마셔대던 술이
결국 정씨를 무너뜨렸다
며칠째 기척 없더니 집주인에 의해
신고되어 수습 중이었다

말라비틀어진 몸으로 비척이며
드나들던 모습 쉽게 잊혀지지 않아
시설에 신고 못한 자책으로
며칠을 힘들게 지냈다

왜 그렇게 갈 수밖에 없었는지
우리에게 많은 부끄러움을 주고
정씨 그렇게 먼 여행 떠났다

비닐봉지

바람 불어와 웅크렸던 쓰레기들
흩어지고 깊이 박혀 잠들었던 비닐봉지
여기저기 구르다
너덜대는 날개깃 전선에 걸렸다

여름날 뜨거운 태양도 걱정 없고
쏟아지는 빗소리도 무섭지 않고
얼어붙은 달빛에도 전혀 끄떡없는
그러나 아무도 내려주지 않는다

목마름으로 끝없이 추락하며
밭 자락에 누운 검은 비닐
한때 그의 일상에서
뭐든 척척 담아내던 요술 주머니 아니던가

지금은 검은 밭에서 풀 위를 덮고
흙들 그 속 가득 채운 채 말이 없다

오직 너만 바라봐

어려선 껌딱지처럼
붙어 다니던 너였는데
언제부턴가 거리를 둔다
내가 살아가는 이유인 너
너를 지켜줄 아무것도 없는
빈손이지만 마음만은 늘
너로 가득 채워져 있지
관심 가져달라 하지도 않고
그냥 바라만 보는 것
무관심한 너의 뒤통수만 바라보지만
그래도 행복해
이젠 내가 너의 껌딱지
너의 바라기야

발문

| 발문 |

삶의 슬픔을 꽃으로 피우는 시
— 정은율 시집 《눌러주세요》

나호열 (시인 · 문화평론가)

詩는 깨달음의 경전이 아니라
가슴으로 쓰는 기도문이다

1.

시인詩人을 일러 광인狂人이라 하기도 하고 곡비哭婢라 부르기도 한다. 광인이라 함은 시대를 앞서가는 까닭에 당대의 사람들에게는 쉽게 이해되지 않는 예지자叡智者를 말하고 곡비라 함은 말뜻 그대로 '대신 울어주는 사람'을 일컫는다. 자신의 아픔을 여러 가지 이유로 드러낼 수 없는 사람들을 위해 기꺼이 울어주는 존재인 것이다. 여기에 시인을 가인歌人이라 덧붙인다면 어떨까?

오늘날과 같이 다양한 시류詩類가 넘쳐나는 상황에서 시가 노래가 되는, 이른바 전통 서정시는 낡은 것, 또는 시대의 흐름에 걸맞지 않는 것으로 여겨지는 까닭에 가인이라 불리는 시인은 매우 드물다. 공자가 편찬한 시경 詩經은 여러 나라의 대중들이 부른 생활의 희로애락을 수집한 노래이다. 말하자면 문자로 표현하기 이전에 노래가 먼저 있었다는 이야기이다. 노래는 절실한 삶의 표현으로써 교언영색巧言令色과는 거리가 먼 것이다. 이와 같이 노래를 기반으로 하는 서정시는 그 핵심이 물활론 物活論에 있다. '세계의 자아화'라 달리 부르기도 하는 물활론은 이 세상에 존재하는 모든 사물이 우리 인간과 같이 감정을 지니고 있음으로 얼마든지 그 사물들과 감정이입을 할 수 있으며 소통할 수 있다는 믿음이다. 그럼에도 오늘날의 시단詩壇은 극도의 추상화와 산문화가 횡행하여 시가 노래가 되는 서정시의 본령이 위축되는 추세에 놓여있다고 보여진다.

 정은율 시인은 등단 이전부터 이미 시낭송가로, 시낭송가를 양성하는 지도자로 활동하였다. 시낭송은 시의 의미를 파악하는 동시에 우리말이 지니고 있는 높낮이와 길고 짧음을 시에 녹여내야 하는 고도의 숙련이 필요한 작업이다. 시인은 시낭송가로서의 길을 걸으면서 광

인도, 곡비도 아닌 가인으로서의 시를 써야겠다는 꿈을 저버리지 않았던 것으로 보인다.

정은율 시인의 첫 시집《눌러 주세요》는 생활인으로서 마주쳤던 희로애락을 자신만의 감성으로 가꾸어낸 결실이라고 볼 수 있다. 그가 시 낭송을 통해 마주쳤던 수많은 시들과는 결이 다른 자신만의 어법을 구사한다는 것은 결코 쉬운 일은 아니다. 등단 이후 십여 년이 지난 지금에야 시의 집을 꾸린다는 것은 신중하게 자신만의 길을 찾기 위해 노력했다는 반증이 아닐까.

2.

워즈워드 W.Wordsworth 는 시를 '감정의 유로流露', 즉 충만한 감성의 자연스러운 발화라고 하였다. 어떤 대상과 마주쳤을 때 일어나는 감흥은 시인의 마음에 내재되어 있던 기억을 환기했을 때 서정抒情으로 전이된다. 다시 말하자면 서정시는 기억(체험)이 시간과 공간이라는 조건과 융합되어 탄생하는 감성의 꽃이 되는 것이다.

이와 같은 서정시의 개요를 살펴볼 때 정은율 시인의 시집《눌러주세요》의 많은 시가 이와 같은 서정의 통로를 통해 이루어낸 결과물임을 알 수 있다. 감성을 촉발시키는 계절 감각과 시인이 일상생활을 영위한 지역과 낯선 곳에서의 색다른 체험이 시인으로 하여금 시심詩心을 불러내게 만드는 것이다. 그래서 시집《눌러주세요》의 얼개는 시인의 생활 체험, 그 체험으로부터 빚어진 시간에 대한 관념과 활동 공간이라는 세 부분을 어떻게 인식하고 있는가를 살펴보아야 비로소 그 전모가 드러나는 것이다.

  우선 정은율 시인이 인식하고 있는 삶의 양태가 어떤 것인지를 드러낸 시편을 감상해보기로 한다. 누구를 막론하고 삶은 기쁨보다는 슬프고 아픈 역경逆境을 겪게 마련이다. '날마다 순간 순간이 / 신호등이 정지선이고 / 과속이고 추월이다'(〈건널목에서〉마지막 연)이라거나, '내 생 닮은 흐물거리는 몸통'(〈삼숙이가 있는 풍경〉부분) 이라거나, '오늘도 쉼 없이 팽팽한 줄을 당긴다'(〈청호동青湖洞에 가서〉부분)와 같은 토로에서 언뜻 시인이 마주한 삶이 녹록치 않았음을 짐작할 수 있다. 그러나 이러한 시들에 드러난 애환이 무엇에 기인하는지 시인은 구체적으로 말하지 않는다.

오랫동안 길을 나서지 못했다
납작하게 주저앉은 가방은
지루한 시간 집안 구석에서 기다리며
눈감고 밖의 소리에 귀 기울인다

비닐 벗고 내려온 가방 열고
무겁고 긴 훗날은 아래쪽에 넣고
급하고 가벼운 것들은 위쪽에
찌든 일상 한숨 한 토막까지 잘라 넣고
가벼운 일상들은 그냥 들고 가기로 한다

뒤통수를 때리는 날선 말과
꽃잎들의
아우성 뒤로하고
틈새 바람맞으며 한참을 망설이다
긴 그림자 끌고 집을 나선다

— 〈그림자에 기대어〉 전문

단지 생활인으로서 시인이 겪어야 한 '뒤통수를 때리는 날선 말'이 횡행하는 세상으로 어쩔 수 없이 '긴 그림자 끌고 집을 나'서야 하는 신고辛苦가 우리에게 낯설지 않게 다가와 공감을 주는 이유는 구체적인 이야기의 전말이 생략 될 때 신고의 외연이 확장되기 때문일 것이다. 이와 같은 계열의 작품으로 〈초록빛 체온〉, 〈풀꽃처럼〉, 〈강릉을 떠나며〉와 같은 시편을 들 수 있다.

   그렇다! 우리의 삶은 기쁨보다는 슬픔과 아픔의 시간이 훨씬 많고, 잠시 피었다 지는 꽃처럼 행복한 시간은 순간에 불과하다. 사회적 동물인 인간은 어쩔 수 없이 타인과의 끊임없는 경쟁과 타협, 그리고 자신의 의지와 상관없는 규율에 얽매어 살아갈 수밖에 없기에 결코 평온한 일상이 지속되는 경우는 드물다. 아래의 시는 불편할 수밖에 없는 삶의 단면을 예리하게 파헤치고 있다.

> 새벽노을 붉게 피어오를 때
> 나는 교차로에 서 있다
> 여행 가는 중이었고 왼쪽만 가능했다
> 초록 물고기였고 장미꽃은 금지되었다
> 자정이 되면 꾸벅꾸벅 졸기도 해서
> 가끔은 해금된 노래였고
> 늘 중앙선 옆길이고
> 적당히 자유롭긴 하지만 그래도 법이었다
> 내 삶의 소중한 교차로
> 그걸 지키며 지금은 집으로 가는 중이다
>
>   ― 〈비보호 좌회전〉 전문

비보호 좌회전은 직진 신호등이 켜져 있을 때, 좌회전을 할 수 있는 교통규칙이다. 마주 오는 차를 피해 자신의 판단에 의해서 좌회전을 할 수 있으나 만일 직진하는 차와 충돌이 일어날 때 전적으로 책임을 져야 한다. 이런 규칙처럼 우리는 수없이 많은 망설임 – 양심에 어긋나기는 하나 법적인 책임을 면할 수 있는 – 좋게 말해서 선의의 거짓말을 해야 하는 상황에 종종 부딪치게 되는 것이다. 사실 우리의 일상에서 일어나는 난제는 솔로몬의 지혜를 요구하는 경우가 많다. 아마도 정은율 시인의 망설임 – 슬픔 – 은 선의의 거짓말을 용납할 수 없는 결벽에 가까운 심리적 압박감에서 비롯된 것일지도 모른다.

우리가 자주 인용하는 윤리적 문제 하나를 생각해보자. 효심이 지극한 어떤 사람이 중병에 걸린 어머니를 살릴 수 있는 유일한 방법이 특효약을 얻는 일인데 그 값이 너무 비싸서 살 수 없다. 그래서 그는 가까운 지인에게 돈을 빌리고자 한다. 지인은 상환날짜를 지켜주면 돈을 빌려주겠다고 하는데 사실 그 날짜에 상환할 능력이 없다. 당신은 어머니를 살리기 위해 약속을 지키겠노라고 지인에게 거짓말을 하겠는가? 아니면 약속을 지킬 수 없기 때문에 약을 사지 않겠는가? 시 〈비보호 좌회전〉은 이렇게 쉽게 결정하기 어려운 삶의 교차로를 건너가는 자신의 안타까움을 변용하면서 삶의 아픔을 견뎌 나가야하는 행로를 이야기하고 있다.

그렇다면 견딘다는 것은 무엇을 의미하는 것일까? 시인은 시 〈시간〉에서 '삶은 여행이다'라는 놀라운 잠언을 던지고 있다. 여행旅行은 자기가 살고 있는 곳을 떠나 유람을 목적으로 여러 곳을 다닌다는 것이다. 시인이 시간을 여행으로 비유한 것은 신고의 '견딤'이 한순간에 해소되는 것이 아니라는 것을 간파하고, 시간의 고비를 넘어간다는 것이 곧 유람이라고 생각하기 때문이다. 시인은 무시로 대관령을 넘는다. 고향이면서 타향인 강릉에서 때로는 상처받고 때로는 위로 받으며 대관령을 넘나드는 동안에 삶의 불편한 이쪽과 저쪽을 한 눈에 담을 수 있는 혜안을 얻게 된다.

    날 새려면 아직 멀었다
    따뜻한 불빛 찾아
    유리창 밖을 서성이는 아침 버드나무
    늘어진 팔을 잡지 못하고
    절뚝이며 앞질러 간다
    찌든 벽은 절은 곰팡이로 뒤덮이고
    빗물에 젖은 벽돌 날마다 담과 마주친다

안개는 신다가 버린 구두 속에서 잠들고
비로 쏟아지는 활자들
허공에 젖은 소매에 부딪혀 흩어지고
날선 사금파리로 깊은 동맥을 긋는다
꽃그늘에서 복숭아 꽃잎 떨어지고
이 악물며 온기 하나로 스스로를 품어 견디는
이른 새벽
아픈 이마에 손을 얹고
대관령을 넘는다

— 〈강릉을 떠나며〉 전문

  시집 《눌러주세요》에는 강릉의 여러 곳을 모티프로 삼은 시들이 많이 있다. 〈초당에서〉, 〈청호동에서〉, 〈겨울 경포호에서〉, 〈연잎에 앉아〉, 〈영진에서 몇몇이〉 등등의 시편은 단순한 기행시가 아니라 시인 자신의 삶을 투영하는 거울이며, 거울에 투영된 시인의 애환을 들어주는 친구와도 같다. 그런데 시 〈강릉을 떠나며〉를 주목하는 이유는 누구나 그러하듯 본연의 자신을 떠나 가면을 쓰고 속말을 감추어야만 살 수 있는 고단한 삶의 현장으로 떠나는 비감悲感을 노래한 시로서 '넘음'(극복이나 초월)의 반복을 통해 시인이 터득한 결연한 의지가 돋보인다는 점에서 공감의 영역이 넓다는데 있다.

이와 같이 시집《눌러주세요》의 전체적인 분위기는 밝음 보다는 파스텔 톤의 암울함이 깔려 있음이 사실이다. 그러나 정은율 시인은 희망은 절망에서 피는 꽃임을 알고 있다. 성급한 비약으로 절심함이 결여된 희망을 노래하는 것이 아니라 절망을 견디고 슬픔을 넘어가야 희망이 꽃 피운다는 사실을 시로 승화시키는 공력을 보여주고 있다.

3.

강릉을 떠나 대관령을 넘어온 시인은 다시 수평선을 하염없이 바라볼 수 있는 바다도 없고 탑처럼 우러러 볼 수 있는 산도 없는 그저 벽만 가득한 세상에 도착했다.

> 입에 자물통을 채웠다
>
> 날개를 달지 못한 그는
> 도시서 살기에 연약한 입 때문에
> 입술을 뒤통수에 달고
> 자물통으로 들어 갔다
>
> ― 〈자물통으로 들어간 사람〉 부분

나는 나에게 벽 하나 사이에 두고
문자만 오갔다
빗물도 받아내지 못하는 우산도 못 된다

— 〈공중도시〉 1연

실종된 장병들 시신 한 구씩 들어올 때마다
가족들은 환호하며 박수를 쳤다고 한다
가슴 치며 통곡해도 모자랄 상황인데

...중략...

그 후 남겨진 가족들은
자식 잃은 슬픔 뒤로 하고
억측과 비아냥 때문에 더 아팠던 사람들

— 〈유족의 기쁨〉 부분

 아무리 부인하려고 해도 우리가 사는 세상은 함부로 말해서는 해꼴들 입고, 그러다보니 스스로에게 갇혀 자신에게 벽을 세워야 하며 시신이라도 찾으면 박수를 치는 유족이 있는가 하면 그런 유가족을 편협한 정치적 견해로 비아냥거리는 사람들 속에서 숨어 살다가 말없이 세상을 떠난 사람들 ― 시 〈노숙자 유씨〉, 〈고시원 정씨

〉참조 —과 괴롭게 헤어지기도 한다.

> 바람 불어와 웅크렸던 쓰레기들
> 흩어지고 깊이 박혀 잠들었던 비닐봉지
> 여기저기 구르다
> 너덜대는 날개깃 전선에 걸렸다
>
> 여름날 뜨거운 태양도 걱정 없고
> 쏟아지는 빗소리도 무섭지 않고
> 얼어붙은 달빛에도 전혀 끄떡없는
> 그러나 아무도 내려주지 않는다
>
> 목마름으로 끝없이 추락하며
> 밭 자락에 누운 검은 비닐
> 한때 그의 일상에서
> 뭐든 척척 담아내던 요술 주머니 아니던가
>
> 지금은 검은 밭에서 풀 위를 덮고
> 흙들 그 속 가득 채운 채 말이 없다
>
> — 〈비닐봉지〉 전문

그리하여 우리는 그 누구의, 그 무엇의 사용가치가 되었다가 끝내 버려지는 악몽에 시달리게 된다. 비닐봉지는 충분한 사용가치가 있다. 그러나 필요한 물건을 담고 사용한 뒤에 비닐봉지는 그 가치를 다하고 가차 없이 버려진다. 인류가 무너지면 자식이 부모를 버리고 자신의 발이 되었던 차가 유행에 뒤처지는 구물이 되면 폐차장으로 끌려간다. 칸트Kant는 '인간을 수단으로 대하지 말고 항상 목적으로 대하라'고 하였다. 그러나 오늘의 현실은 제로섬 Zero Sum— 승자독식—에 어느새 함몰되어 버렸다. 이렇게 우리는 서로에게 버려지고 잊혀지며 사라지는 운명을 맞이할 수밖에 없게 된 것이다.

정은율 시인의 슬픔과 생의 아픔은 이렇게 타자화他者化된 자신을 냉철하게 바라보는데서 출발하는 것임을 이제야 알게 되는 것 같다. 그리하여 시인이 꿈꾸는 세상은 원래 그러한 것, 즉 자연自然에 있음을 유추할 수 있다. 이러한 경로를 통해 마주한 자연은 단순한 완상玩賞의 대상이 아니다. '언제나 낮게 피어/ 달콤한 향으로/ 사람들 꿇어앉히는 꽃'(〈제비꽃〉 끝연)을 통해 겸손과 사랑을 배우며, '불을 켜지 않은 날들의 빛 / 온몸으로 쏟아져 내리고 / 늙은 매화나무 물먹은 팔뚝에서/ 툭툭 튀밥 터지는 소리 들린다'(〈늙은 매화나무 한 그루〉끝연)고 끝끝내 생명의 강인함을 늙은 매화나무로부터 듣기도 한다.

좋은 서정시 백미는 해박한 지식이나 절절한 체험에서 빚어지는 것이 아니라 시적 대상의 말을 순연히 받아 적는데서 우러나온다. 이 글에서 언급하지 못한 시 〈달팽이 아재비〉나 〈눈색이꽃〉 등이 바로 이에 해당되는 좋은 시임을 밝혀둔다. 현란한 수식이 없어도 누구나 공감할 수 있는 전범을 보여주는 몇 편의 시로도 시집《눌러주세요》는 충분히 빛나고 있다.

4.

《눌러주세요》는 정은율 시인이 등단 이후 10년이 넘은 후에 발간되는 첫 시집이다. 짐작컨대 장년기를 지나면서 쓴 56편의 시는 시인의 반생을 응축한 장면들로써 앞으로 펼쳐질 나머지 반생을 가늠해 볼 수 있는 예고편일 수도 있을 것이다.

앞에서 간략하게 살펴본 바와 같이 그가 마주한 대상(경험 또는 소재)들은 슬픔의 눈망울을 달고 있는데 시인은 그 눈망울들을 생명의 고귀함을 갖춘 꽃으로 변신시키는 순전한 마음을 지니고 있다. 20년 동안 생사고락을 같이 한 차를 떠나보내며 '그러면서도 서운한 마음 뒤로 하고 / 새로운 삶을 위해 오늘 나는 / 힘차게 또 다른 액셀을 밟는다'(〈너를 보내고〉 마지막 연)는 토로는 사용가치를 넘어서는 물아일체의 경지로 다가서려는 시인의 의지가 돋보이는 시가 아닐 수 없다. 너와 나 사이에 관용이 사라진 극한의 대립이 일상화된 세태에서 물아일체를 지향하는 시인의 자세는 이 시집의 표제시이기도 한 〈눌러주세요〉에 더 뚜렷이 함축되어 있다.

> 틀을 들여다보니 속이 텅 비었다
> 다식판이라면 꽉 채워야 하는데,
> 속을 비울 줄 알았던 그
> 박달나무에 새긴 섬세한 문양
>
> 꽃, 물고기, 나비, 복福
>
> 마른 바람 몸 더듬으면
> 등 타고 내려온 송화
> 꿀벌 무정란 껴안고 꾸들꾸들
> 꽃 틀에 안기고
> 잘게 부숴 조청과 넣군
> 육포 나비 등에 올라타고
> 황태 보푸라기 동해 그리워
> 힘차게 솟구쳐 물고기 틀에 숨고
> 밭에 누웠던 콩 도리깨질에 놀라
> 복福자에 뛰어들어

강하게 밀어 넣는다

물컹거리는 영혼 속에 손 밀어 넣고
꿈틀대는 세포들 빈틈없이 채우며
아무도 낡지 않을 음각 속 문양
꼭꼭 눌러주세요

— 〈눌러주세요〉 전문

긴 설명이 아니더라도 우리는 다식판의 용도를 잘 알고 있다. 보기 좋은 떡이 더 맛있다는 우리네 미감美感이 다식판에 새겨진 문양에 더해져 있음을 우리는 잘 알고 있다. 시인은 그런 미감을 넘어서서 '누름'과 '눌림'의 실체에 눈길을 더하고 있다. 주객主客이 따로 없는 관계, 기꺼이 누르고 눌려지는 관계는 공허한 상생相生의 외침을 부끄럽게 한다. 고래로 문질빈빈文質彬彬을 시인이 갖추어야 할 최고의 덕목으로 여겨왔는데, 이 시야말로 순박하면서도 우리 삶의 진경을 보여준 시라고 감히 말하고 싶다.

여기에 덧붙여 산문시로 쓰여진 〈연잎에 앉아〉와 같은 시가 앞으로 정은율 시인이 걸어가야 할 단초를 보여주는 시로써 독자 여러분의 음미를 권하고 싶다.

이 글의 서두에 붙인 '詩는 깨달음의 경전이 아니라 가슴으로 쓰는 기도문이다'는 필자 또한 시를 쓰면서 마음에 새겨놓은 경구警句이다. 누구나 자신의 글이 많은 사람에게 오래 기억되기를 바란다. 그러다보면 정작 자신의 마음을 놓치고 독자들의 눈치를 보거나 멋드러진 풍취風趣에 현혹되고 말 것이다. 정은율 시인의 첫 시집 《눌러 주세요》상재를 축하드리며 앞으로 간절한 기도의 시심이 가득하기를 기원한다.

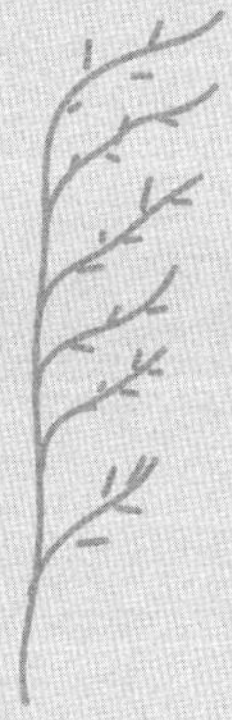

계간문예시인선 **212**
정은율 시집 _ 눌러주세요

초판 인쇄 2024년 11월 20일
초판 발행 2024년 11월 25일

———

지 은 이   정은율
회   장   서정환
발 행 인   정종명
편집주간   차윤옥

———

펴 낸 곳   도서
출판 **계간문예**
주   소   03132 서울 종로구 삼일대로 30길 21 종로오피스텔 1209호
전   화   (02) 3675-5633 팩스 (02) 766-4052
이 메 일   munin5633@naver.com
홈페이지   http://cafe.daum.net/quarterly2015
등   록   2005년 3월 9일 제300-2005-34호
연 락 처   03132 서울 종로구 삼일대로 32길 36 운현신화타워 305호
인   쇄   54991 전북 전주시 완산구 공북1길 16, 신아출판사
ISBN 978-89-6554-309-1 04810
ISBN 978-89-6554-118-9 (세트)

———

값 12,000원

———

잘못 만든 책은 바꾸어 드립니다.
저자와 협의하여 인지를 생략합니다.

이 시집은 한국예술인복지재단에서 창작지원금을 받아 출간되었습니다.